reverencia
VIRTUDES DE MI CORAZÓN

Escrito e ilustrado por Melissa López Charepoo

Texto e ilustraciones
©2023 Melissa López Charepoo

Primera edición publicada en 2023. Reimpresión 2026.

ISBN 978-1-971750-28-6 (tapa blanda)

A todos los que hacen del mundo un lugar mejor al esforzarse por tener reverencia.

¿Alguna vez te has preguntado qué significa ser reverente?

La **reverencia** es tener un respeto profundo por nuestro Creador y ser conscientes de que estamos siempre en Su presencia. Ser reverente alegra nuestros corazones y nos ayuda a desarrollar muchas otras virtudes también. Mostramos reverencia cuando sentimos que estamos en presencia de algo más grande que nosotros, como cuando oramos a Dios. También mostramos reverencia al tener un profundo respeto por Su creación.

¡Podemos esforzarnos por mostrar **reverencia** en todos los aspectos de nuestras vidas!

Me esfuerzo por ser reverente teniendo la **autodisciplina** de orar todos los días. Para orar, me siento en un lugar tranquilo, luego cierro los ojos y digo una oración desde el corazón o leo una oración con una voz melodiosa. Mientras oro, agradezco a mi Creador por todo y pido ayuda en tiempos difíciles. También tomo en cuenta mis acciones y pienso en las cosas que hice bien y las cosas que tengo que mejorar. Tener la **autodisciplina** de orar todos los días me ayuda a cumplir mi propósito en la vida.

¿Cómo demuestras reverencia practicando la **autodisciplina** de orar todos los días?

En mi familia, nos esforzamos por ser reverentes al orar juntos. El orar juntos nos ayuda a construir lazos de **unidad** familiar. Al orar, todos escuchamos atentamente y pensamos en las palabras que se dicen a medida que cada uno de nosotros toma su turno para orar. También nos gusta cantar oraciones o tocar música suave para acompañar el momento. Nuestras oraciones son esperanzadoras en tiempos difíciles y gozosas en tiempos buenos. Orar juntos une nuestros corazones.

¿Cómo creas **unidad** familiar esforzándote por ser reverente?

En mi comunidad hay muchos lugares de adoración, como iglesias, sinagogas, templos y mezquitas. Estos lugares son sagrados porque podemos sentir la presencia de nuestro Creador en nuestro corazón de una manera especial. Las actividades en los lugares de adoración pueden variar, pero por lo general son serenas y llenas de oración y meditación. Cuando visitamos un lugar sagrado, mostramos reverencia al vestirnos modestamente, actuar calmadamente y hablar en voz baja, ya que somos conscientes de que muchas otras personas también se están reuniendo para adorar a nuestro Creador. Nuestros corazones se regocijan y nuestra **fe** en Dios aumenta cuando nos reunimos como comunidad para adorar a nuestro Creador.

¿Cuál es tu lugar de adoración? ¿Cómo muestras reverencia en tu lugar de adoración? ¿Cuales actividades en tu lugar de adoración fortalecen tu **fe** en nuestro Creador?

En la escuela, me esfuerzo demostrar reverenciar a nuestro Creador **sirviendo** a los demás. Siempre me siento cerca de nuestro Creador cuando me hago útil a alguien que lo necesita. Ya sea ayudando al maestro a limpiar el salón de clases después de un día ajetreado o ayudando a un amigo con una pregunta, mi corazón siempre se alegra de servir a los demás sin esperar nada a cambio.

¿Cómo muestras reverencia a nuestro Creador **sirviendo** al que lo necesita?

En nuestro tiempo libre, nos encanta hacer caminatas por la naturaleza en familia. La naturaleza nos hace sentir tan pequeños en comparación con lo grande que es toda la creación. Nos hace darnos cuenta de que hay una fuerza creativa más grande que nosotros. Sentimos reverencia por nuestro Creador cuando admiramos con **asombro** cuán hermosa y perfecta es Su creación. Siempre sentimos la presencia de nuestro Creador cuando estamos en la naturaleza.

¿Cuál es tu lugar favorito para visitar en la naturaleza?
¿De qué manera el **asombro** ante la naturaleza aumenta tu reverencia por nuestro Creador?

En mi vida diaria, me esfuerzo por mostrar reverencia a nuestro Creador tratando a todos los seres vivos con **honor** y **nobleza**. Todos los seres vivos, pero especialmente los seres humanos, merecen ser tratados con **honor**, un profundo respeto porque han sido creados seres **nobles**, con cualidades espirituales desde su nacimiento. Me esfuerzo por tratar a todos con respeto y amabilidad.

¿Cómo muestras reverencia a nuestro Creador al tratar a todos los seres vivos con **honor** y **nobleza**?

Como ciudadanos, mostramos **reverencia** a nuestro Creador al esforzarnos por respetar las leyes y símbolos nacionales de nuestro país. Las leyes nos otorgan derechos, que son nuestros privilegios, y responsabilidades, que son las cosas que debemos hacer. Los símbolos nacionales representan lo que nuestro país aspira a ser. También entendemos que algunas leyes no son justas, y por eso estamos llamados a trabajar juntos para mejorarlas. Nuestro Creador desea que vivamos en un mundo ordenado y solidario, y mediante la consulta y la comprensión podemos crear leyes que sean **justas**, seguras y amorosas para todos.

¿Cuáles son algunas leyes en tu país? ¿Qué leyes en tu país crees que podrían mejorarse para hacerlas **justas** y equitativas para todos?

Como ciudadanos del mundo, mostramos reverencia a nuestro Creador cuando somos **responsables** de nuestro planeta. Hay muchas formas de cuidar el planeta, como recoger la basura en la playa o plantar un árbol. Es nuestra **responsabilidad** cuidar nuestro planeta para que futuras generaciones puedan disfrutar de este hermoso lugar al que llamamos hogar.

¿Cómo muestras reverencia a nuestro Creador siendo **responsable** con nuestro planeta?

Como puede ver, podemos esforzarnos por tener **reverencia** hacia nuestro Creador en todos los aspectos de nuestra vida. Al ser reverentes, nuestro corazón desarrolla muchas otras virtudes, como la autodisciplina, la unidad, la fe, el servicio, el asombro, el honor y la nobleza, el respeto y la responsabilidad.

¡Nuestros corazones siempre estarán alegres cuando nos esforcemos por tener **reverencia** hacia nuestro Creador en todo lo que hacemos!

Glosario:

Asombro - un sentimiento de reverencia, profundo respeto, humildad.

Fe - tener una confianza profunda en nuestro Creador.

Honor - tener gran respeto y admiración hacia otra persona.

Nobleza - comprensión de que todos los seres humanos fueron creados seres espirituales.

Respeto - una profunda admiración por alguien o algo.

Responsabilidad - sentido del deber; ser responsable de nuestras elecciones.

Reverencia - profundo respeto por alguien o algo.

Sagrado - algo que nos conecta con nuestro Creador; algo creado con fines religiosos.

Autodisciplina - ser capaz de controlar nuestras acciones.

Servicio - el acto de ayudar a los demás sin esperar nada a cambio.

Unidad - ser parte de un todo; unión

Referencias:

The Virtues Project Cards

Oxford English Dictionary

Agradecimientos:

Mi amado esposo Darioush Charepoo por todo su apoyo.

Nuestros queridos hijos por ser la inspiración.

Leanna Guillén Mora por ayudar con la corrección y edición del libro.

9 781971 750286